푸른 하늘과 붉은 황토

국립중앙도서관 출판시도서목록(CIP)

푸른 하늘과 붉은 황토 / 지은이: 조태일. -- 양평군 : 시인생각, 2013
  p. ; cm. -- (한국대표명시선 100)

"조태일 연보" 수록
만해사상실천선양회의 지원으로 간행되었음
ISBN 978-89-98047-92-4 03810 : ₩6000

한국 현대시[韓國 現代詩]

811.62-KDC5
895.714-DDC21   CIP2013013030

한 국 대 표
명　　시　　선
1　０　０

조　태　일

푸른 하늘과 붉은 황토

시인생각

■ 차 례 ——————— 푸른 하늘과 붉은 황토

시인의 말

1

국토서시國土序詩　11
푸른 하늘과 붉은 황토 —국토 34　12
어머님 곁에서　14
나의 처녀막 1　16
아침 선박　18
시를 생각하며　22
어머니　24
식칼론論 1　26
태안사 가는 길 1　27
바위들이 함성을 내지른다면　28

한국대표명시선100 조 태 일

2

시를 써서 무엇하랴　33
자유가 시인더러　34
석탄 —국토 15　36
이쪽과 저쪽　38
도심에 내리는 눈을 보며　40
꽃들, 바람을 가지고 논다　41
다시 오월에　42
그래도 봄은 오는가　44
연가　46
눈깔사탕 1　48

3

홍은동의 뻐꾹새　53
밤에 쓴 시　54
밥상 앞에서　56
겨울 소식　57
친구들　58
동행同行　60
참외　62
눈보라가 치는 날 —국토 21　64
눈꽃　66
수갑　67

4

친구야　71

꽃밭 세종로　72

눈물 —국토 44　73

단 한 방울의 눈물　74

쌀　76

굼벵이 —국토 24　78

사랑　80

깨알들　82

겨울에 쓴 자유서설飛水口尾 —국토 43　84

흰 뼈로 —국토 7　87

5 달빛과 누나   91
　　겨울바다에서   92
　　산꼭대기에 올라 —국토 68   93
　　풀꽃은 꺾이지 않는다   96
　　대창   97
　　논개양論介孃 —국토 6   98
　　옹기점 풍경 —국토 8   100
　　원달리元達里의 아버지   102
　　파랑새   104
　　들판에 서서   105

　　조태일 연보   106

1

국토서시國土序詩

발바닥이 다 닳아 새 살이 돋도록 우리는
우리의 땅을 밟을 수밖에 없는 일이다.

숨결이 다 타올라 새 숨결이 열리도록 우리는
우리의 하늘 밑을 서성일 수밖에 없는 일이다.

야윈 팔다리일망정 한껏 휘저어
슬픔도 기쁨도 한껏 가슴으로 맞대며 우리는
우리의 가락 속을 거닐 수밖에 없는 일이다.

버려진 땅에 돋아난 풀잎 하나에서부터
조용히 발버둥치는 돌멩이 하나에까지
이름도 없이 빈 벌판 빈 하늘에 뿌려진
저 혼에까지 저 숨결에까지 닿도록

우리는 우리의 삶을 불 지필 일이다.
우리는 우리의 숨결을 보탤 일이다.

일렁이는 피와 다 닳아진 살결과
허연 뼈까지를 통째로 보탤 일이다.

푸른 하늘과 붉은 황토
― 국토 34

아내와의 모든 접선도 끊어버리고
말 배우는 어린 새끼들과의 대화도 끊어버리고
나를 가르친 모든 책으로부터도
중고가 돼버린 철없는 장난감으로부터도
멍청한 가구들로부터도 떠나버리자.

아이고 무서워
아이고 무서워

그림자를 고요히 고요히만 밟혀주는
달빛 별빛으로부터도,
무수히 발바닥을 포개보던
광화문이며 종로며 태평로로부터도
자유다 평등이다 인권이다 민주다 의무다 국민이다
어쩌고 하는 한국적 표준말로부터도 떠나버리자.

아이고 무서워
아이고 무서워

망우리 근처 푸른 하늘 밑의 풀잎들은
그렇게 푸르기만 하며
푸른 하늘 밑의 황토들은
그렇게 붉기만 하며
푸른 하늘 밑의 무덤들은
그렇게 고요히만 누웠냐

아이고 무서워
아이고 무서워

바람 자고 소리 끊겨 고요하기는 해도
끝간데없는 푸른 하늘은 저리 답답하단다.
푸른 풀들이 흔들리긴 해도
하늘 밑에 깔린 황토들은 저리 답답하단다.

어머님 곁에서

온갖 것이 남편을 닮은
둘쨋놈이 보고파서
호남선 삼등 야간열차로
육십 고개 오르듯 숨 가쁘게 오셨다.

아들놈의 출판기념회 때는
푸짐한 며느리와 나란히 앉아
아직 안 가라앉은 숨소리 끝에다가
방울방울 맺히는 눈물을
내게만 사알짝 사알짝 보이시더니

타고난 시골솜씨 한철 만나셨나
산1번지에 오셔서
이불 빨고 양말 빨고 콧수건 빨고
김치, 동치미, 고추장, 청국장 담그신다.
양념보다 맛있는 사투리로 담그신다.

―엄니, 엄니, 내려가실 때는요
  비행기 태워드릴게.

―안 탈란다, 안 탈란다, 값도 비싸고
 이북으로 끌고 가면 어쩌게야?

옆에서 며느리는 웃어쌓지만
나는 허전하여 눈물만 나오네.

나의 처녀막 1

차라리 진지한 내 홀로의 술잔에서
자유의 시간이 감긴 어느
여학교 강의실에서 파열됐다면야
덜이나 억울해.

사슴이의 뿔이나 부엉이의 입부리나
독수리의 발톱에나 파열됐다면야
차라리 덜이나 억울해.

오월 내가 누워 있던 잔인한 새벽은
침실은 저 가까운 기억의 바다로 가
크게 생각하라. 크게 생각하라.

물 마른 가지 위
마지막 인정처럼 걸려 있는
하루가 지루한 학동들의 상학 길에
처량하게 처량하게 널려 있는
나의, 당신의, 상한 처녀막은
혁명으로 파열돼서 부끄러워라.
부끄러워라. 당신의 병사의, 시인의 처녀막도

혁명으로 파열돼서 정말 원통해라.
아아, 내 작은 한 줌의 자유여. 민주여.
나의 상한 처녀막 근처에 웅성이는
고달픈 아우성을, 쫓기던 음성을 듣는가.
무덤이 있다면 당신들의 나의 처녀막이 다시 만들어지는
무덤이 있다면
나의 처녀막을 마지막 무사통과하라
저 안타까운 오월의 제왕을 굽어보라
나의 처녀막은 크게 울고 있어라.

아침 선박

    1
아침 바다는 예지에 번뜩이는 눈을 뜨고
끈기의 저쪽을 달리면서

시대에 지치지 않고 처절했던 동반의 때에
쓰러진 시간들을 하나씩 깨워 일으키고
저, 넘쳐나는 지평의 햇살을 보면
청명한 날에 잠깨는 출항.

세수를 일찍 끝낸 여인들은
탄생을 되풀이한 오랜 진통에
땀 배인 내의를 벗어 바다에 던지고
파이프에 남자들은 두고 온 연대를 열심히 피워 문다.

    2
철저한 자유를 부르면서
흐느끼는 심연 그 움직이는 고요.
가파른 정오의 한때를

이해만이 남고 오직 진행이 있을 때
당황하던 파도를
식욕을 거느린 별들이 주워들고 멀리 떠났다.
험한 해협엔 그러나
의지를 철썩이는 잔잔한 파도의 무료.
밤 새워 해변을 지키던 새의 사연은 남고
순수의 깊이에서 일어서는 서적들의 눈부신 항변.

――아직 침실에 누워 있는 자들도 한 번은 떠날 것이다.
휴식의 때가 오면 패배의 옷자락을 가다듬을 꼭 가다듬을
쓸쓸한 시선들도
한번은 떠날 것이다.

   3
우리에게 주어진 한 개의 원인은
서성이는 곳에 쓰러지지 않는 거만한 거부.
타협이 없는 거리를 글쎄
걸어갈 수 있을까?

신앙은 놓이고 길을 가는 의문의 날에
찾아 온 제 3의 치맛자락에 매달린 식탁.
어지러워라
천둥이 울더라도 흔들리지 않는
확고의 식탁은 없을까?

쟁취의 이빨을 내놓기 전
낮에도 눈이 감긴 암초의 눈을 뜨게 할 순 없을까.

겨울을 빠져 나온 꽃들이 찾아가
피어날 꽃나무는 없을까.
계절이 없어 과일들은 익질 못한다.

   4

획득의 눈이 내리고 있다.
학동들의 꿈길에서 얻어진
멀고 먼 나라의 가까운 은혜가 흩날리고 있다.

아침 인사를 받으면서 물러앉은 산
아침 인사를 받으면서 오후가 되더라도 피로하지 않을
하이얗게 움직이는 선박이 있다.

우리 젊은 우울한 선장에겐 무엇을 바칠까?
우리의 모국어를
우리의 손으로 만들어진 나침반을
우리의 눈에 맞는 색깔의 저 지평을 향해
펄럭일
기旗를 바쳐야 한다.

시를 생각하며

도무지 시를 생각할 수 없도록
바삐 돌아가는 세상 속에서
눈을 감고 두근거리는 가슴 열어
이렇게 중얼거려 본다.

도대체 시가 무엇이길래
남들이 그렇게 소중히 하는
가정까지를 버리는가.
도대체 시가 무엇이길래
질서를 버리는가.

도무지 시를 사랑할 힘마저 빠져
지쳐 늘어지고 싶은 날엔
살을 꼬집어 아파아파하며
이렇게 중얼거려 본다.

도대체 시가 무엇이길래
육신과 영혼을 이끌고 지옥까지 들어가는가.
도대체 시가 무엇이길래
나라 앞에서 초개처럼

하나뿐인 목숨까지 열어놓고 바치는가.

시를 안 쓰고는 못 배길 그런 날은
오랫동안 버렸던 펜을 들기 전에
이렇게 중얼거려 본다.

도대체 시가 무엇이길래
목숨 걸고 자기를 주장하는가
속으로 차오르는 말을 풀어놓는가

시보다 더 자유로운 세계를 찾아서
나는 시를 썼던가. 쓸 것인가.

어머니

열일곱에 시집오셔
일곱 자식 뿌리시고
서른일곱에
남편 손수 흙에 묻으신 뒤,

스무 해 동안을
보따리 머리에 이시고
이남 땅 온 고을을
당신 손금인 양 뚝심으로 누비시고
훤히 익히시더니,

육십 고개 넘기시고도
일곱 자식 어찌 사나
옛 솜씨 아슬아슬 밝히시며
흩어진 자식 찾아
방방곡곡을 누비시는 분.

에미도 모르는 소리 끄적여서
어디다 쓰느냐 돈 나온다더냐
시 쓰는 것 겨우 겨우 꾸짖으시고,

돌아앉아 침침한 눈 비비시며
주름진 맨손바닥으로
손주 놈의 코를 행행 훔쳐주시는 분.

식칼론論 1

창틈으로 당당히 걸어오는
햇빛으로 달구었어!
가장 타당한 말씀으로 벼리고요.

신라의 허황한 힘보다야 날카롭고
정읍사井邑詞의 몇 구절보다는 덜 애절한
너그럽기는 무등산 허리에 버금가고
위력은
세계지리부도쯤은 한칼이지요.

흐르는 피 앞에서는 묵묵하고
숨겨진 영양 앞에서는 날쌔지요.
비장하는 데 신경을 안 세워도 돼,
늘 본관의 심장 가까이 있고
늘 제군의 심장 가까이 있되
밝게만 밝게만 번뜩이면 돼요
그의 적은
육법전서에 대부분 누워 있고……
아니요 아니요
유형무형의 전부요.

태안사 가는 길 1

나라가 위태로웠던 칠십 년대 말쯤
아내와 어리디어린 세 아이들을 데리고
고향 떠난 지 삼십년 만에
내가 태어났던 태안사를 찾았다.

여름 빗속에서 칭얼대는
아이들을 걸리며 혹은 업으며
태안사를 찾았을 때
눈물이 피잉 돌았다.

그리고 두 번째로
임신년 겨울,
팔십을 바라보는 어머님을 모시고
아내와 이젠 웬만큼 자란 아이들을 데리고
터벅터벅 태안사를 찾았을 땐

백골이 진토 된
증조부와 조부와 아버님이
청화 큰스님이랑 함께
껄껄껄 웃으시며
우리들을 맞았다.

바위들이 함성을 내지른다면

단 한 발짝을 움직이기 위하여
몇천만 년이고 그 갑갑함도 참아내며
금방 터질 듯 터질 듯한
아찔한 울음보도 잘도 견뎌내며

이 땅 어디에나 시커멓게 널브러져
어느 마음씨 좋은 이웃들처럼
한 치의 동요도 없이 밤낮없이 처박혀 있는
저 바위들이 이리저리 움직이면서
마침내 함성을 내지른다면

과연 지금 질서 안에서 움직이는 사물들은
과연 지금 모습대로 버티는 사람들은
있을 것인가, 없을 것인가.

저 시커먼 빛깔들이
일제히 일어나서 터진다면
성한 눈이나 성한 귀들은
있을 것인가, 없을 것인가.

그럴 것인가.
세상 모든 것 다투어 검은 빛깔이 되어
서로 알아볼 수 없는 사이들이 되어
한번은 섞였다가 이내 흩어져
캄캄한 밤바다 위를 떠도는
이젠 영원토록 만날 수 없는
신세가 될 것인가, 안될 것인가.

2

시를 써서 무엇하랴

문학은 진실이라고 배웠다.
시에 이르는 길은 진실의 길밖에 없다고,
나의 스승 이산 김광섭 시인은 가르쳤다.

스승께서는 일제하에서 4년여 옥고를 치르셨고
해방을 맞아 새 나라 건설에 뛰어들었다.

정치판을 떠나 대학에서
문학을 강의하셨고
노후에는 유명한 「성북동 비둘기」를 남기셨다.
아직도 진실을 모른 채

제자인 나는 꾀죄죄하게
살아남아서
이런 따위의 시를 끄적이고 있다.

시를 써서 무엇하랴!
탁 소리 앞에
다 무너지는 삶인데……

자유가 시인더러

자유가 시인더러 하는 말 좀 들어보게.
시인이 자유더러 하는 말 좀 들어보게.
서로 먼저 말하겠다고 싸우는 꼴 좀 바라보게.
도무지 무슨 말인지 알아들을 수도
없는 말 한번 들어보게.

자유가 시인더러
시인이 자유더러
멱살을 잡고 무슨 말인가를 하지만
전혀 알아들을 수 없네.
우리 같은 촌놈은 도무지 알아들을 수 없네

자유가 시인더러
시인이 자유더러
따귀를 올려치면서 탁탁탁 치면서
하는 소리 들어보게나.
아아, 저게 상징이구나 은유로구나
상상력이구나
아픔만 낳는 시법詩法이구나.
오늘 하루도 평탄치 못하겠구만.

일찍 일어나 세수부터 정갈하게 하고
구두끈도 단단히 동여매야겠구만.

석탄
— 국토 15

참나무 숨결이 파도치는 두 어깨며
지나치게 이글대는 두 눈망울,
온몸을 철조망 같은 심줄로 무장하고
도계탄광서 온 그 사내와 만나던 날
눈에 핀 다래끼여 터져버려라
터져버려라 다래끼여, 폭음을 했다.

이 조가趙哥야, 그 거창한 체구엔
노동을 하는 게 썩 어울리겠는데
시를 쓴다니 허허허 우습다, 조가야.

굼벵이도 구르는 재주는 있는갑다고
회색 바바리코트 사줄 테니 시인詩人폼 내라고
왜 그리 못생겨 울퉁불퉁하냐고
악쓰고 힘쓰고 힘뱉고 악뱉고 있을 때

한민족韓民族의 거구巨軀요 표준을 넘는 미남美男은
검다 검다 지쳐 흰빛도 튀기는
쌔카만 석탄을 생각하고 있었다.
아니 쌔카만 석탄이 되고 있었다.

맨 밑바닥에서 서러우나 즐거우나
언제 어디를 안 가리고 솟구치고
꿈틀거리는 석탄이 되어서
한민족의 거구요 미남인 나는
꺼멓게 꺼멓게 울고 있었다.

이쪽과 저쪽

새벽 네 시쯤
도시의 끝과 농촌의 시작인 구릉
잰걸음, 느린 걸음으로,
뒷걸음, 옆걸음으로도 걷는다.
거무칙칙한 길을 걷는다.
질척질척한 농로를 걷는다.

토종개구리
황소개구리
쥐
지렁이
뱀들

이쪽에서 저쪽으로
저쪽에서 이쪽으로
밤새 건너다
차바퀴에 깔려
죽어 붙어 있는 길을
걷는다.

개구리들, 불어터진 국숫발처럼 창자 드러내놓고 죽어 있다.
지렁이 뱀들은 길게 죽어 있다.
쥐들 쥐포처럼 납작하게 죽어 있다.

그곳을 나는 새벽 네 시쯤 걷는다.
아직까지 무사한
완두콩만한 개구리 새끼들이 팔짝팔짝 뛰면서 건넌다
그곳을 지렁이들 멈춘 듯 기는 듯 건넌다.
이쪽에서 저쪽으로,
저쪽에서 이쪽으로.

도심에 내리는 눈을 보며

내리기 싫은 듯
빌딩 위를 해찰하면서 서성거리다가
도로 솟구치다가
또 도로 빗겨 내리다가

이번엔 빌딩 사이를 해찰하면서 서성거리다가
도로 힘차게 솟구치다가
빌딩 밑 화초밭
잡초 쪽으로 몸을 틀더니
무슨 깜냥이나 있는 듯
깜냥깜냥이 내려앉는다.

얼마나 많은 세월을 떠돌며
해찰하며 깜냥하며
이 세상을 깜냥깜냥 떠돌았는가,
지금에 이르렀는가,
우리도.

꽃들, 바람을 가지고 논다

꽃들, 줄기에 꼼짝 못하게 매달렸어도
바람들을 잘도 가지고 논다.

아빠꽃 엄마꽃 형꽃 누나꽃 따라
아기꽃 동생꽃 쌍둥이꽃
바람들을 잘도 가지고 논다.

바다에서 파도를 일으키며 놀던 바람도
산속에서 바윗덩이를 토닥이며 놀던 바람도
공중에서 날짐승을 날게 하던 바람도

꽃들 앞에선 오금을 쓰지 못한다.
꽃들 앞에선 그 형체까지를 잃는다.

팔다리 몸통 줄기에 붙들렸어도
그 자태만으로 바람의 팔다리를 묶으며
그 향기만으로 바람의 형체를 지우며

잘도 가지고 논다.
잘도 달래며 논다.

다시 오월에

오월은 온몸을 던져 일으켜 세우는 달.

푸르름 속의 눈물이거나
눈물 속에 흐르는 강물까지,
벼랑 끝 모진 비바람으로
쓰러져 떨고 있는 들꽃까지,

오월은 고개를 숙여 잊혀진 것들을 노래하는 달.

햇무리, 달무리, 별무리 속의 숨결이거나
숨결 속에 사는 오월의 죽음까지,
우리들 부모 허리 굽혀 지켰던 논밭의 씨앗까지.

오월은 가슴을 풀어 너나없이 껴안는 달.

저 무등산의 푸짐한 허리까지
저 금남로까지
저 망월동의 오월의
무덤 속 고요함까지.

오월은 일으켜 세우는 달
오월은 노래하는 달
오월은 껴안는 달
광주에서 세상 끝까지
땅에서 하늘 끝까지.

그래도 봄은 오는가

오는 봄은 오는 길이
높으나 낮으나 탓하지 않고
다만 몸을 낮추며 온다.
그렇게 수선을 피우지 않고도
그렇게 무차별 합궁하지 않고도
이렇게 많은 생명을 일깨우며 온다.

오는 봄은 오는 길이
더디나 빠르나 서두르지 않고
다만 당당하게 온다.
그렇게 장애물을 후려치지 않고도
그렇게 짝짜꿍 변절치 않고도
이렇게 헐벗은 생명을 감싸며 온다.

기어코 온다.
보란 듯이 온다.
환장하게도 조용히 온다.
다만 돌아버려 이웃이 아닌 것들에게
어지럼병을 흩뿌리며 온다.

배신과 변신과 변절과 간통으로 얼룩진
민자년의 그 아리송한 속곳을
들춰내며(아이고메, 냄새야!)
일천구백구십 년의 봄은 온다.

겨우내 움츠렸던 팔십 고개 어머님의
삭신을 자근자근 녹이며 온다.
겨우내 땅속에서 도란도란 떨던
어린 싹들을 어루만지며 온다.

아직 못 지켰던 약속 위에도
아직 덜 터뜨린 외침 위에도
아지랑이는 타오르고,
횃불처럼 타오르고,

그렇다.
닫힌 채 텅 비어 있는 마음에까지
온갖 꽃들 피워 향기 퍼뜨리며
기어코 오는 봄 앞에서
우리들 부끄러워라.
우리들 화끈거려라.

연가

너, 들끓는 쬐그만 가슴을
흩트리지 않고 용케도
여기까지 달려왔구나.

무슨 소문 듣고파서
다투며 밀려오는 파도에
큰 눈을 맡기고 설레이는 마음 맡기고
기대어 있는 너의 곁에까지
숨 할딱이며 나 또한
용케도 따라왔구나.

지평선 끝에 타오르는
이 시대의 그리움들은 파도치고,
저녁놀로 타오르고.

별들이 하나둘 떠오를 때까지
순한 서로의 눈들은 불꽃이 되어
포개지고 얼싸안고 함께 나뒹굴 때
그렇게 그렇게
사슴의 눈에 사슴의 눈이

어른거릴 때

우리는 입을 열지 않은 채
두고 온 온갖 소문들을
파도에게 별빛에게 퍼뜨렸다.

거듭 사슴의 눈에
사슴의 눈이 포개질 때,
우리의 눈이 어른거릴 때,
파도는 소문이 되어
더 큰 바다를 향해 떠나고
별들도 소문이 되어
하늘에 바다에 웅성거렸다.

눈깔사탕 1

어찌하여 어찌하여 살아오는
내 인습의 지저분한 족보에서
굴러다니는 몇 개의 눈깔사탕,
미쓰야, 미쓰야, 심심하겠다
어서 어서 주워 먹어라.
주워 먹고 건국을 해야지 건국을.

당신들과 나의 세월도 아닌
타인들의 세월 속을 굴러다니느라
다 녹아났네, 다 녹아났네.
고구려 병정들의 천 년 후를 내다보던
백제 처녀들의 천 년 후를 내다보던
눈망울이었을까 나도 몰라.

가난 속을 한 속을 굴러다니다가
아아 가난해진 눈빛이여 빛이여,
빗발 속에 어른대는 지도,
지도 속에 번지는 산하여, 언어여.
미쓰야, 미쓰야, 억울하겠다
어서 어서 나의 산하 나의 언어의 빛깔을 주워 먹어라.

어느 뜨거운 모성을 엮어 울을 치고
어느 때도 보지 못했던 공화국을 잉태해야지.

어찌하여 어찌하여 또 살아 갈
내 인습의 어지러운 족보에서
굴러다니는 몇 개의 눈깔사탕.

3

홍은동의 뻐꾹새

미친년, 미친년, 미친년, 미친년이네
침도 마른 혓바닥을 벌겋게 늘어뜨리고
불붙는 날갯죽지를
무슨 깃발처럼 펄럭이며
냉수도 불타는 솔잎 속에서
제 몸까지도 이제 불 지르려 하는
서대문구 홍은동 산 1번지의 뻐꾹새는
뻐꾹, 뻐꾹, 뻐 뻑꾹 울어도
안 풀릴 한인데 안 뒤집힐 산인데,
퍼국, 퍼국, 퍼 퍼국 퍼국 목쉰 소리로 우네 울어.

대낮엔, 누가 던져버린 녹슬고 고달픈 부엌칼 위에
쏟아지는 땡볕만 쪼아 먹다가
밤중엔, 목이 타서 목이 타서
내 아내의 살갗과 내 살갗의 사이에서
퍼국, 퍼국, 퍼 퍼국, 퍼국 울다가
아침 이슬에 젖어 버리네, 젖어 버리네.
홍은동의 뻐꾹새는
내 누님, 내 누님, 내 누님, 내 누님이네.
앞가슴 풀어헤친 강간 직전의 내 누님이네.
여름을 건너는 찬물이네, 투사네.

밤에 쓴 시

별들은 밤에도 눈을 감지 못한다.
수많은 새끼들을 무릎에 앉히거나
팔베개를 하고 자장가를 불러도
별새끼들은 에미와 애비를 따라
밤새도록 눈감을 줄 모른다.

풀잎들은 밤에도 눕지 못한다.
눕기는커녕 밤새도록 몸을 뒤척인다.
수많은 새끼들을 껴안거나
어루만지며 자장가를 불러도
풀새끼들은 에미와 애비를 따라
밤새도록 누울 줄을 모른다.

구름들을 보아라.
별들의 초롱초롱한 눈빛을 받으며
풀잎들의 서걱이는 몸짓을 보며
구름들도 멈춰 있지를 못한다.
수많은 새끼들을 꽁무니에 달거나
겨드랑이에 끼며 자장가를 불러도
구름새끼들은 에미와 애비를 따라

밤새도록 쉬지를 못한다.

시인들은 밤에도 눈을 감지 못한다.
별들이며 풀잎들이며 구름들이 자지 않는 한
수많은 시인들은 이 어둠 속에서
잠을 잘 수가 있겠는가?
에미와 애비와 새끼들도 한통속이어서
별들과 풀잎들과 구름들과 시인들도
한통속이어서 끝끝내 이 어둠을 두고는
잠들지 못한다.

밥상 앞에서

나는 언제나 무릎 꿇고
받았느니라 두 손으로
남도평야를.

잊을 수가 있겠느냐
홍릉에서도,
길음동에서도, 홍은동에서도.
안양에서도 신길동에서도
언제나 무릎 꿇고
받았느니라,
오늘 아침도 그렇게 받았느니라.

습관처럼 무릎 꿇고 받았느니라
솟아나는 태양을 받았느니라.
중천에 뜬 태양을 받았느니라.
피어오르는 저녁놀을 받았느니라.

겨울 소식

광주를 온몸에 흠뻑 적셔
터벅터벅 그 친구는 서울엘 와서

늘 외롭고 힘없는 내 손을 쥐고
눈과 손으로 광주를 건네주지만

내 허전한 마음까지 건네면 쓰나
내 찌든 몸까지 건네면 쓰나

찬바람 속에서 광주는
큰 애를 뱄다더라.

찬 눈에 덮여서도 무등산은
그렇게도 우람한 만삭이더라.

광주를 온몸에 적셔서
서울의 내 곁에 사알짝 놓아두고

터벅터벅
서울을
떠나 버리는 친구!

친구들

긴긴 해를 산짐승 날짐승이랑 함께
가파른 산을 뛰어오르며
가시덤불에 살이 찢겨 흐르는
피를 문질러가며,

산열매로 가득 배를 채우고
찔레꽃 개나리꽃으로 입술 물들이며
짐승들보다 더 빠르게
신나게 뛰던 친구들.

외진 포수의 사냥길 따라나서
포수의 화살에 맞아
영영 돌아오지 않던 친구를 원통해하다가

밤나무그루 돌로 치고 쳐서
쏟아지는 알밤을 소나기 맞듯 맞으며
짜릿한 아픔을 함께하던 친구들.

어둠 속에서 두근거리는 가슴 조이며
한밤 내 대창 부딪는 소리 들으며

친구들 생각에 밤잠을 설치고,

서로 무사했는지 새벽에 일어나
고함지르며 골목골목을 뛰며
아침 안부를 나누던 친구들.

그 모습만 모습만
동리산 기슭에 가득 고였다.

동행同行

삼십 년을 떠돌다가
광주에 들러
친구 석무錫武를 차고
고향 찾아가는 길.

가다가다 더위에 지치고
몰아치는 어린 시절이 숨 가빠서
옷 벗어 바위에 던지고
동리천*에 뛰어들어
금세 얼어붙는 성년을 덜덜 떨며
머리 위로 구름 스치는 소리
물고기 맨살 간질이는 소리 듣는다.

침묵으로 고향길 밟는 발바닥,
어렸을 적 내 발가락 부딪쳐 피 내던
돌부리 하나하나 떠올리며
대창 부딪치는 소리 꽂히는 소리
쓰러지는 비명소리 들으며

착한 짐승 거느리듯

친구 석무를 뒤에 거느리고
어른을 버리고,
아장걸음으로 고향길 걷는다.

*) 전남 곡성군 죽곡면 원달리의 동리산桐裡山 태안사泰安寺 가는 길 옆으로 흐르는 계곡임.

참외

누우런 주먹들이 운다.
불끈 쥐고 불끈 쥐고 사랑을 불끈 쥐고
어느 놈들은 벌판에 홀로 홀로 남아
어느 놈들은 청과물시장 멍석 위에서
불붙는 살빛 불붙는 서러운 마음씨 부비며
누우렇게 허옇게 운다

누우런 뙤약볕을
오드득 오드득 3·4조 4·4조 가락으로
잡아 씹어 먹고 씹어 먹고
뒤집혀서 배꼽으로 허옇게 저항하는,

저것들은 하느님이다. 얼굴 고운 악마님이다.
때 찌든 삼베치마 앞에서 털 앞에서
땀나는 가슴 앞에서 콘크리트 앞에서
저것들은 하느님이다. 얼굴 고운 악마님이다.

자유가 있느냐, 숨죽여 눈으로 물으면
민주가 돼 있느냐, 숨죽여 뼉다귀로 물으면
없다, 안 돼 있다, 뚜렷하게 대답하고

엎어졌다 뒤집혔다 등으로 배꼽으로 뚜렷하게 저항하며
누우렇게 허옇게 운다.

굶주린 이빨 안에서
침들도 그 말 좀 들어보자고
불끈 쥐고 불끈 쥐고 주먹을 불끈 쥐고
왼쪽 오른쪽 귀 앞세우고 솟아난다 솟아난다.

눈보라가 치는 날
— 국토 21

별안간 눈보라가 치는 날은
처음엔 풍경들은 풍경답게 보이다가는
그 형체들은 끝내 소리도 없이 묻힌다

눈보라가 치는 날은 술을 마시자
술을 마시되 체온을 생각해서 마시자
눈보라가 치는 날은 술을 마시자
술을 마시되 약간의 낭만을 위해서
국경선을 떠올리며 마시자.
눈보라가 치는 날은 술을 마시자
술을 마시되 실어증을 염려해서
두근거리는 가슴 열고 홀로라도
열심히 말을 하며 마시자.

눈보라가 치는 날 술이 없으면 어찌하나,
눈보라가 치는 날 국경선이 안 떠오르면 어찌하나,
눈보라가 치는 날 두근거리는 가슴 없으면 어찌하나,
신문지 위에나 헌 교과서 위에다가
술잔을 그리고 새끼줄이라도 칠 일이다.
앵무새 입부리라도 그리고

ㄱㄴㄷㄹㅁㅂㅅㅇㅈㅊㅋㅌㅍㅎ,
이런 자음이라도 열심히 그릴 일이다.
신문이나 교과서의 글씨가 안 보일 때까지
눈이 침침할 때까지, 뒤집힐 때까지
그리고 또 그릴 일이다.

눈보라가 치는 날은
처음엔 풍경들은 풍경답게 보이다가는
그 형체들은 끝내 소리도 없이 묻히니……

눈꽃

슬픔 슬픔
너의 슬픔
차마 슬픔이라 말 않겠네.

예까지 밀려 떠돌며
가까스로 피어오른 듯.

밤새도록 울며 쌓여
기어이 황홀한 모습 드러냈고,

밤 풍경
밤 사연
한 올 한 올 짜내어서

바람 불면 무너진다
슬픔으로 쌓은 공

놓칠세라
꼬옥꼬옥
끼리끼리 얼싸안네.

수갑

천번 만번이라도
손목을 내밀마.
그 손목도 부족하다면
발목이라도 내밀마
그 발목도 안 된다면
모가지라도 내밀마
그 모가지도 약하다면
몸뚱어리째 내밀마
이 몸뚱어리 성한 데가 없어
옭아매지 못한다면
좋다, 좋다,
숨결이라도 내밀마.
터럭 난 너의 손아귀 앞에
아아, 내 최후의 눈빛이라도
내밀마.

4

친구야

친구야,
폭우가 쏟아진다.
폭우 속으로 가자.

친구야,
폭설이 내린다.
폭설 속으로 가자.

친구야,
달이 뜬다.
달빛 속으로 가자.

친구야,
해가 뜬다.
햇빛 속으로 가자.

친구야,
산천이 퍼덕인다.
산천으로 스며들자.

꽃밭 세종로

비둘기 똥오줌, 용 똥오줌 껴안고
꽃피우겠다! 내 땅은 엎어져 울고 있는데
꽃씨 껴안고 똥오줌 울고 있는데,

와서 다 장난만 치다 가네
엉뎅이만 모가지만 흔들다 가네
참아낸 방귀만 날릴 줄만 알고
포마드와 비듬 섞인 먼지만 날릴 줄만 알고,

사꾸라꽃으로 피다 가니
국경만 제멋대로 그어놓고
곰 같은 것이 재주 피우다 가니,

여편네여 여보 안 되겠네
우리 땅 붙들고 울러, 거름 뿌리러 가세
안 되겠네 여보 여편네여.

눈물
— 국토 44

바람 속에 피는 슬픔이었다가
햇빛 속에 반짝이는 기쁨이었다가

바람이었다가 햇빛이었다가
슬픔이었다가 기쁨이었다가

땅속 깊이 흐르는 물이었다가
땅 위로 솟아난 바위였다가

끝내 입을 여는 침묵이었다가
끝내 소리치는 말이었다가

나의 가장 소중한 생명으로 돌아오는
너의 가장 소중한 생명으로 돌아가는

오오 충만한 울음아
울음아.

단 한 방울의 눈물

단 한 방울의 눈물은
내 유년시절 즐겨 옷 벗던 실개천이었다가
들판을 굽이치는 강물이었다가
바다였다가,

그 아무도 모를 일이어라
가뭄에 목 타는 모든 풍경들 위에 쏟아지는
소나기가 되어
지쳐 누워 있는 산들을 일으키다가
엎어진 들판을 다시 뒤집다가

어느 날 밤은
캄캄한 숲들과 함께 울음바다로 출렁이다가
다시 내 눈에 잠시 들어 쉬다가

깨어나라 깨어나 걸어라
내 발들을 찍는 도끼였다가
빌고 비는 손바닥에 땀으로 솟았다가
천지를 뒤덮은 연기였다가
아스라이 스러지는

마지막 별빛이었다가
오늘은 함박눈으로 내린다.
잠이 없어 뒤척이는 세상의
자장가로 내린다.

쌀

멍청하게 와버린 봄빛 위에서
머리 푼 저 북풍은 살아 있다.
흰 이빨은 펄펄 살아 있다.

만인에게 후려치는 내 눈물보다도
더 예쁘고 날쌘 남도평야는 살아 있다.
누런 땅빛은 영원히 살아 있다.

남루한 삼베 치마저고리를 걸친
저 누님 같은 아낙네의 살빛은 살아 있다.
그의 전신경은 펄펄 살아 있다.

눈을 감으면 어지럽게 쏟아지는
쌀은 펄펄 살아 있다.
쌀 속의 모든 사연은 살아 있다.

북풍이 봄빛을 깔아뭉개는 소리,
내 눈물이 만인을 내리치는 소리,
쌀이 쌀을 살해하는 소리,
모든 소리들은 다 살아 있다.

펄펄 살아서 쌓은
내가 밤마다 훔치는 한국어를 노래한다.
뱀의 혀보다도 더 빨리 노래하며
내 온몸에 살아 있다.

굼벵이
— 국토 24

뒤안길에서 한 5천 년 살아온
우리들은 낮도 그리워하고
밤도 함께 그리워하는가.

그래서 그런가
지금 내가 뒹구는 땅 위에는
낮도 많고 밤도 많아라

하룻밤을 썩은 이엉 속에서 살다가
햇빛 쨍쨍한 마당으로 내려와서
눈도 코도 입도 귀도 닫힌 채

허연 몸을 번쩍번쩍 뒤집고 뒤집어서
몸에 묻은 밤이슬을 그리움으로 말리다가
이내 몸을 꾸부리고 침묵하는……

누가 나더러 굼벵이라고만 하는가
밤마다 썩은 이엉 속으로 기어들어
이젠 눈도 코도 입도 귀도 열어놓고

드드득 이빨 갈아 어둠을 갉아먹고
눈깔 껌벅여 어둠을 갉아먹고
그리워서 하도 그리워서
달더러 보라고 몸 뒤척이며
밤이슬 맞는다. 밤이슬 맞는다.

사랑

첫눈이 내린다.
어디고 없이 제멋대로
내리고 내리는 것 같지만
내릴 곳을 보아가며
서둘지 않고 내린다.

첫눈이 내린다.
지상의 왼갖 성명聲明들을 잠재우며
지상의 왼갖 낙서들을 지우며
한량없이
하이얗게 내린다.

높고높은 하늘을 지나서
가파른 절벽을 지나서
풀잎들의 머리 위를 지나서

움직이는 것들 위에 내린다
숨 쉬는 것들 위에 내린다
꿈꾸는 것들 위에 내린다.

오오, 오오, 소리치지는 않고
오오, 오오, 그 입모양만 보이며
우리들 귓바퀴 근처에 내린다.

보아라, 보아라, 소리치지는 않고
보아라, 보아라, 그 입모양만 보이며
우리들 눈앞에
뺨 비비며
첫눈은 그렇게 그렇게
붐빈다.

깨알들

응달진 미곡상회의
가장 구석진 자리로 밀리고 밀려
무슨 사연들로 저리 웅성이는가.

버러지 같은 것 버러지 같은 것들이
제 세상 만난 듯 슬슬 치며 기어 다녀도
꼼짝 않고 물러앉아 곱디곱게
길을 내주며,

눈보라치는 날이든
장마가 끊이지 않는 날이든
작은 몸들을 서로 부둥켜안고
지는 해 뜨는 달
가슴으로 받아 반짝이며

무슨 소문은 없나
꿈이라도 좋겠네

빨리 팔려가고파서
눈들을 굴리며

지나는 행인 쳐다보며
목을 빼네

그리워서.
그리워서.

겨울에 쓴 자유서설 自由序說
— 국토 43

1

우리들의 눈은
허름한 날품팔이의 일거수일투족에서
이 시대의 눈물을 본다.
우리들의 입은
뚜껑 덮인 청계천처럼 더럽고 컴컴한
야간 완행열차를 바다로 끌고 가
파도 끝에다 함성을 보태고

우리들의 귀는
닫아도 닫아도 거듭 열려서
말 못 하는 침묵을 듣기도 한다.

2

어느 비린내 나는 시장 모서리
포장도 없이 썰렁한 싸구려 음식점에서
이십 원짜리 멀건 수제비 한 사발과
깍두기 두어 점으로 배를 채우고
험난한 팔다리를 끌며 생활을 찾아

일어서는 우리들의 형님과 누나들

웅크리고 있던 겨울바람도 일어나
윙윙거리며 따라 나선다

   3
간肝이 콩알만해지는
우리들의 메마른 땅 우리들은
두서없는 말이라도 뿌린다.

기왕에 두서없는 땅
순서가 뒤바뀌어서 뿌리가
하늘로 솟는 땅

솟아서 비나이다 비나이다
우리 하나님께 비나이다

우리들의 머리 위로 내닫는
고압선 고압선 고압선을

우리들 목에 걸어 주시옵소서

발버둥치며 이 땅의 구석구석을
더운 가슴으로 더듬으며
이 겨울을 불 지피며 기어다니리니

흰 뼈로
— 국토 7

잠든 금수강산엔 잡초만 자란다.
그 잡초들을 흔들며
움직이지 못하는 바람은
움직이지 못하는 바람만 낳고
빈 목소리는 빈 목소리만 낳는구나
갑순아.

심심한 판에 나아가 밀어버릴까부다
육자배기나 한 목청 뽑으면서
우리 사이에 가로놓인
그 바람이거나 목소리거나
가령 휴전선 같은 거를
나아가 밀어버릴까부다.

밀다가 죽으면? 송장으로 밀지.
송장이 썩어 문드러지면?
거 있지 않는가.
빛깔 강한 흰 뼈거나
검은 머리칼로,
갑순아.

5

달빛과 누나

달빛이 좋아
처녓적 늘 울멍울멍했던 우리 누나는
풀벌레 밤새 뒤척이는 영남 땅에
누워계신다.

단신으로 월남한
함경도 사내 지아비로 삼아
아들딸 낳고 대구에서 사십여 년 살다가

어느 해 여름
처녓적 삼밭머리 뽕나무밭
산꿩소리 그리워서
삼베옷 명주꽃신 신고 누워서
달빛 같은 처녀 몸으로

남도 땅 동리산 태안사 염불소리 들으며
영남 땅에 누워 계신다.

겨울바다에서

한 됫박, 두어 됫박씩 쏟아지는 별이다.

햇볕도 추워 얼어 떨어지는 곳
눈발로 부산하다.

파도는 얼어 큰 산으로 솟았고
겨울새, 그냥 그 위에 얼어붙었다.

물 속 깊이 고기떼 가슴
두근거리는 소리 들리고,
조개들도 입을 악물었다.

이 가슴도 얼어
이 숨결로 멈추어라.
이 영원 앞에서.

산꼭대기에 올라
— 국토 68

산꼭대기에 올라본 사람은 안다
설레임으로 바라본 그곳이
캄캄 절벽이어서 별들이 뜨고
망망한 바다여서 일엽편주가 뜨고
평원이어서 눈 닿을 데가 없는
그것이 바로 죽음이라는 것을

산을 오르는 동안의 악전고투도
까맣게 잊어버리고
다만 그곳을 찾아
삼백예순다섯 날……
십 년이고 거듭 몇십 년이고 평생을
오르고 보면 어느덧 거기가
저승! 저승인 것을

마음을 밑바닥까지 비우고
육신을 탈탈 비워본 사람은 안다.
누가 누구를 감히 지배하고
누가 누구를 감히 사랑하는가를

한 몸으로 걷다가
한 몸이 누울 자리를 찾아
한 몸이 누울 때, 그 누구들은
다 한 몸인 우리들인 것을.

그래서 우리들은 안다.
이승에서
독재자는 독재자의 모습으로 죽고
폭력자는 폭력자의 모습으로 죽고
평화주의자는 평화주의자의 모습으로 죽고
부자는 부자의 모습으로
빈자는 빈자의 모습으로
시인은 시인의 모습으로
이승에서 정지된 육체를 두고
모두 함께 이승을 떠나는 시간

두려움과 함께 고통과 함께
기쁨과 함께 웃음과 함께
마주치는 저승의 초입은
서울의 러시아워와 같다는 것을

그런데 그런데
"넋이여, 그 나라의 무덤은 평안한가?"*

*) 김현승 님의 시구절임.

풀꽃은 꺾이지 않는다

사람들은 풀꽃을 꺾는다 하지만
너무 여리어 결코 꺾이지 않는다.

피어날 때 아픈 흔들림으로
피어 있을 때 다소곳한 몸짓으로
다만 웃고만 있을 뿐
꺾으려는 손들을 마구 어루만진다.

땅속 깊이 여린 사랑을 내리며
사람들의 메마른 가슴에
노래되어 흔들릴 뿐.

꺾이는 것은
탐욕스런 손들일 뿐.

대창

쓰러진 피를 잠든 고요를 일으켜다오,
눈 부릅뜨고 입 벌려
내 몸을 어르면서
벌판들이 엉엉 운다.

땀 흘리는 시간을 엮어 이마에 동여매고
날카로운 깨우침을 이마에 동여매고
제 몸이 뜨거워 향기로워
내 몸을 어르면서
불씨들이 엉엉 운다.

서러운 마음들을 깎아
곧음을 영원에 세우고
썩음을 향해 휜한 날카로움으로 우는 저것은
각하의 적인가 성가신 개새끼인가
나의 각하인가 형제인가.

우리네 궂은 하늘엔 한도 많고
메마른 벌판엔 불씨도 많아
내 땅 밝히겠네, 깃발이 되겠네.

논개양論介孃
— 국토 6

논개양은 내 첫사랑
논개양을 만나러 뛰어들었다.

초겨울 이른 새벽
촉석루 밑 모래밭에다
윗도리, 아랫도리, 내의 다 벗어던지고
내 첫사랑 논개양을 만나러
남강에 뛰어들었다.

논개양은 탈없이 열렬했다.
내가 입맞춘 금가락지로 두 손을 엮어
왜장을 부둥켜안은 채
싸움도 끝나지 않고 숨결도 가빴다.

잘한다, 잘한다, 남강이 쪼개지도록 외치며
논개양의 혼 속을 헤엄쳐 다니는데,
물고기란 놈이 내 발가벗은 몸을 사알짝 건드렸다.

아마 그만 나가달라는 논개양의 전갈인가부다.
내 초겨울 감기를 걱정했나부다.

첫사랑 논개양을 그렇게 만나고
뛰어나왔다.
논개양을 간신히 만나고 뛰어나왔다.

옹기점 풍경
— 국토 8

한반도의 모든 바람은 물론
세계의 모든 바람들도 함께 섞여
멋모르는 마음들은 마음 놓고
밤낮없이 여기 와서 논다.

어떤 놈은 풀피리, 버들피리를 불고
어떤 놈은 피리, 퉁소를 불고
어떤 놈은 장구, 북을 치면서 논다.
학, 어떤 놈은
하모니카, 트럼펫, 색소폰을 분다.

한반도의 모든 빛은 물론
세계의 모든 빛들도 함께 섞여
멋모르는 마음들은 마음 놓고
밤낮없이 여기 와서 논다.

어떤 놈은 느릿느릿 양산도춤을 추고
어떤 놈은 깝죽깝죽 보릿대춤을 추고
어떤 놈은 허리 끊어져라 트위스트를 추고
하, 어떤 놈은

고고춤을 원 없이 춘다.

서러운 우리들은 밤낮없이
묵묵부답인 채 아무데나 놓이고
밤낮없이 저러는 풍경은
일몰이 와도 걷히지 않고
일출이 와도 걷히지 않는가.

원달리元達里의 아버지

모든 소리들 죽은 듯 잠든
전남 곡성군 죽곡면 원달 1리*

구산九山의 하나인 동리산桐裡山 속
태안사泰安寺의 중으로
서른다섯 나이에 열일곱 나이 처녀를 얻어

깊은 산골의 바람이나 구름
멧돼지나 노루 사슴 곰 따위
혹은 호랑이 이리 날짐승들이랑 함께
오손도손 놀며 살아라고
칠남매를 낳으시고

난세를 느꼈는지
산 넘고 물 건너 마을 돌며
젊은이들 모아 야학하시느라
처자식을 돌보지 않고

여순사건 때는
죽을 고비 수십 번 넘기시더니

땅뙈기 세간살이 고스란히 놓아둔 채
처자식 주렁주렁 달고
새벽에 고향을 버리시던 아버지.

삼십 년을 떠돌다
고향 찾아드니 아버지 모습이며 음성
동리산에 가득한 듯하나

눈에 들어오는 것
폐허뿐이네 적막뿐이네.

*) 필자가 태어난 곳.

파랑새

파아란 하늘에 누가
파랑새 한 마리를 잘도 그려놓았다.
엊그제까지만 해도 쏘내기라도
한 두름 퍼부을 것만 같던 우중충한
하늘이더니, 내 마음만 같은 하늘이더니
한하운 시인의 황토 같은 눈물이 하늘을 떠돌다가
그렇게 추위에 얼어 박혔나부다.

저녁내 잠을 못 이루던 내 눈물이
하늘로 치솟아
저승의 추위에 그만 얼어 박혔나부다.
손대지 마, 손대지 마,
불면 꺼질 것만 같은
허상 하나라도 지니면서
이렇게 살아도 사람의 삶인 것을.

천만 인의 억만 인의 하늘에다
저런 허상 하나 그려놓고
이렇게 시를 쓰는 것도 시인의 자유인 것을.

들판에 서서

들판에 홀로 서서
땅 한번 굽어보고 하늘 한번 쳐다보며
느닷없이 군자가 되어,

"땅은 그 두터움을 스스로 말하지 않고
하늘은 그 높음을 스스로 말하지 않는다"

세상 시름 꼿꼿이 불러 세워놓고
큰 시름 잠시 잊은 채 중얼거리다 보면

이 한 몸 온통 죄덩어리여서
스스로 팍팍한 들판을 지피는 불덩어리가 된다.

타오르자
오간 데 없는 님아
밤낮없이 시름뿐인 이 들판에서
이 세상과 함께

조태일

연 보

1941(1세) 9월 30일 전남 곡성군 죽곡면 원달 1리 동리산 태안사에서 대처승 조봉호와 모친 신경임 사이에서 7남매 중 넷째로 태어남.

1947(7세) 동계초등학교에 입학했으나 1년 뒤 1948년 여순사건을 만난 2학년 때 광주로 피난.

1950(10세) 수창초등학교 4학년 때 6·25가 일어나 3년간 휴학하다가 극락초등학교를 거쳐 다시 수창초등학교로 전학하여 1956년에 졸업.

1959(19세) 광주서중학교 졸업.

1962(22세) 광주고등학교 졸업. 전남일보 신춘문예 시「다시 포도鋪道에서」당선. 경희대학교 국어 국문학과 입학.

1964(24세) <경향신문> 신춘문예 시「아침선박」이 당선되어 문단에 나옴.

1965(25세) 제1시집 『아침 선박』(선명문화사) 간행.

1966(26세) 경희대학교 국어국문학과 졸업. 육군 소위로 임관(ROTC 4기).

1968(28세) 육군 중위로 예편.

1969(29세) 월간 시전문지 ≪시인詩人≫을 창간하여 1년여 간 주재했으나 당국의 압력으로 폐간.
초등학교 교사인 진정순과 결혼.

1970(30세) 제2시집 『식칼론』(시인사) 간행.

1972(32세) 장남 천중 출생.

1973(33세) 창제인쇄공사에 입사. 덕성여대 출강. 딸 현정 출생.

1974(34세) 뜻있는 문인들과 함께 표현의 자유와 민주쟁취를 위해 자유실천문인협회를 창립하여 간사직을 맡고 유신독재체제와 맞섬. 민주수호국민협의회 창립에 참여.

1975(35세) 제3집 『국토』(창비)를 간행했으나 긴급조치 9호로 판매금지 당함.

1976(36세) 막내 형준 출생.

1977(37세) 양성우 시인의 시집 『겨울공화국』 발간 사건으로 연루되어 긴급조치 9호로 고은 시인과 함께 투옥.

1978(38세) 일본 이화서방梨花書房에서 한국현대시선 시리즈로 『국토』가 일역 되어 출간.

1979(39세) 4월중 한밤중에 자택 옥상에서 박정희 대통령과 유신독재체제를 비판한 연설을 했다는 이유로 투옥, 29일 만에 석방.

1980(40세) 계엄해제를 촉구한 지식인 124명 서명에 참여. 7월 자유실천문인협의 임시총회와 관련 계엄법 및 포고령 위반으로 신경림, 구중서 등과 함께 구속되어 보통군법회의와 고등 군법회의에서 징역 2년을 집행유예 3년을 선고 받음.

1981 (41세) 평론집 『고여 있는 시와 움직이는 시』(전예원)를 간행했으나 판매금지 당함.

1982 (42세) 항일민족시선집 『아아 내나라』(시인사)를 엮어 간행.

1983 (43세) 제4시집 『가거도』(창비)를 간행했으나 판매금지 당함.

1984 (44세) 경희대학교 대학원 국어국문과를 졸업. 경희대학교, 단국대학교 출강.

1985 (45세) 문학선집 『연가』(나남출판) 간행.

1987 (47세) 제5시집 『자유가 시인더러』(창비) 간행.

1988 (48세) 자유실천문인협의회가 민족문학작가회의로 바뀜과 함께 초대상임이사를 맡음.

1989 (49세) 광주대학교 조교수로 임용됨.

1991 (51세) 경희대학교 대학원에서 「김현승 시정신 연구」로 문학박사학위 받음.
제6시집 『산속에서 꽃속에서』(창비) 간행.
제1회 편운문학상 수상. 시선집 『다시 산하에게』(미래사) 간행.

1992 (52세) 공저 『문학의 이해』(한울아카데미) 간행. 제35회 전남도문화상 문학부문 수상.

1993 (53세) 성옥문화상 예술부문 대상 수상.

1994(54세) 2월 민족문학작가회의 부회장. 3월 광주대학교 예술대학 초대학장, 문예창작과 교수.
이론서 『시창작을 위한 시론』(나남출판) 간행.

1995(55세) 제7시집 『풀꽃은 꺾이지 않는다』(창비) 간행.
제10회 만해문학상 수상.

1996(56세) 민족문학작가회의 부이사장.
산문집 『시인은 밤에도 눈을 감지 못한다』(나남출판) 간행.

1998(58세) 이론서 『알기 쉬운 시창작 강의』(나남출판), 『김현승 시정신 연구』(태학사) 간행.

1999(59세) 제8시집 『혼자 타오르고 있었네』(창비) 간행.
9월7일 간암으로 별세. 용인 공원묘지에 묻힘.
9월9일 보관문화훈장 추서.

〖한국대표명시선100〗을 펴내며

　한국 현대시 100년의 금자탑은 장엄하다. 오랜 역사와 더불어 꽃피워온 얼·말·글의 새벽을 열었고 외세의 침략으로 역경과 수난 속에서도 모국어의 활화산은 더욱 불길을 뿜어 세계문학 속에 한국시의 참모습을 드러내게 되었다.
　이 나라는 글의 나라였고 이 겨레는 시의 겨레였다. 글로 사직을 지키고 시로 살림하며 노래로 산과 물을 감싸왔다. 오늘 높아져 가는 겨레의 위상과 자존의 바탕에도 모국어의 위대한 용암이 들끓고 있음이다.
　이제 우리는 이 땅의 시인들이 척박한 시대를 피땀으로 경작해온 풍성한 시의 수확을 먼 미래의 자손들에게까지 누리고 살 양식으로 공급하는 곳간을 여는 일에 나서야 할 때임을 깨닫고 서두르는 것이다.
　일찍이 만해는 「님의 침묵」으로 빼앗긴 나라를 되찾고 잃어가는 민족정신을 일으켜 세우는 밑거름으로 삼았으며 그 기룸의 뜻은 높은 뫼로 솟아오르고 너른 바다로 뻗어 나가고 있다.
　만해가 시를 최초로 활자화한 것은 옥중시 「무궁화를 심고자」(≪개벽≫ 27호 1922. 9)였다. 만해사상실천선양회는 그 아흔 돌을 맞아 만해의 시정신을 기리는 일의 하나로 '한국대표명시선100'을 펴내게 된 것이다.
　이로써 시인들은 더욱 붓을 가다듬어 후세에 길이 남을 명편들을 낳는 일에 나서게 될 것이고, 이 겨레는 이 크나큰 모국어의 축복을 길이 가슴에 새겨나갈 것이다.

만해사상실천선양회

한국대표명시선100 | 조태일

푸른 하늘과 붉은 황토

1판1쇄 인쇄 2013년 7월 26일
1판1쇄 발행 2013년 7월 31일

지 은 이   조 태 일
뽑 은 이   만해사상실천선양회
펴 낸 이   이 창 섭
펴 낸 곳   시인생각
등 록 번 호   제2012-000007호(2012.7.6)
주   소   경기도 양평군 옥천면 고읍로 164
           ㉾476-832
전   화   (031)955-4961
팩   스   (031)955-4960
홈 페 이 지   http://www.dhmunhak.com
이 메 일   lkb4000@hanmail.net

값 6,000원

ⓒ 조태일, 2013

ISBN 978-89-98047-92-4 03810

* 이 책의 저작권은 저자와 시인생각에 있습니다.
* 잘못된 책은 책을 구입하신 서점에서 교환하여 드립니다.

※ 이 책은 만해사상실천선양회의 지원으로 간행되었습니다.